AF319673

COMMUNICATION

FAITE AU NOM DU GOUVERNEMENT

A LA CHAMBRE DES DÉPUTÉS

SUR

LES TROUBLES DE LYON,

PAR M. LE PRÉSIDENT DU CONSEIL,

MINISTRE DE L'INTÉRIEUR.

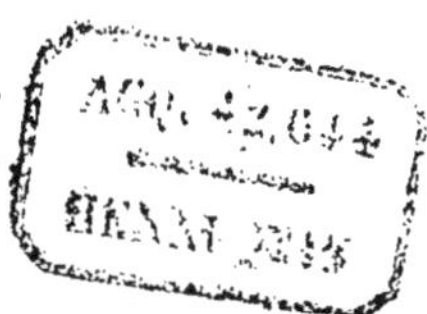

MESSIEURS,

Dans la séance du 25 novembre dernier, j'ai eu l'honneur de donner communication à la Chambre, par ordre du Roi, et de l'avis de son conseil, des douloureux événemens dont la ville de Lyon venait d'être le théâtre.

Un récit sincère des faits, tels qu'ils nous étaient annoncés par un chef d'administration, à défaut de rapports directs du préfet et du commandant militaire, l'exposé des mesures prises, et la conviction, témoignée par le ministère, de faire face à toutes les nécessités avec les lois existantes, provoquèrent de la part de cette Chambre un témoignage de confiance et d'assentiment qui nous donnait une nouvelle force, en même temps qu'il nous imposait de nouvelles obligations, celle surtout de compléter ultérieurement l'exposé qu'elle avait accueilli avec tant de bienveillance. Tel est l'objet de la communication que nous avons l'honneur de lui faire aujourd'hui.

C'est d'ailleurs vous rendre compte, en grande partie, de votre ouvrage ; car l'heureux accord des pouvoirs, si franchement manifesté par l'adresse de la Chambre au Roi, a puissamment contribué à exciter les efforts généreux de l'armée et des bons citoyens pour le rétablissement de l'ordre, et à intimider les passions qui auraient pu chercher à exploiter ces élémens de troubles.

Nous venons donc, en quelque sorte, acquitter une dette, en remplissant ce devoir ; c'est ainsi que nous croyons rendre un hommage digne d'elle à notre révolution, qui n'a pas de résultat plus vrai, de plus solide garantie, que l'harmonie des pouvoirs constitutionnels, parce que là seulement réside la force des institutions et du Gouvernement.

La première communication déjà soumise à la Chambre s'arrêtait au départ du Prince royal et de M. le Maréchal Ministre de la guerre. C'est à cette date que je vais reprendre ce nouvel exposé.

Ce n'est pas qu'il ne nous soit parvenu, depuis cette époque, des rapports sur les scènes du 21 et du 22, et que nous ne puissions entrer, à ce sujet, dans de longs et tristes détails. Mais vous jugerez peut-être comme nous, Messieurs, qu'au point où en est aujourd'hui cette affaire, à l'heure où l'action des lois est rétablie dans Lyon, tandis que la justice informe, et surtout quand le repentir court au-devant des moyens de pacification, il y aurait quelque chose d'inopportun, au moins, dans le

(3)

récit détaillé des déplorables excès qui ont ensanglanté cette ville et consterné tous les bons citoyens.

Dans de telles crises, l'histoire trop prochaine et trop complète est une espèce de réaction, et vous ne voulez pas d'autre réaction que celle des lois. Épargnons à tous, aujourd'hui, de cruels souvenirs. Ce qui vous importe surtout, Messieurs, c'est de rechercher et de reconnaître les causes réelles de ces désordres; c'est aussi de juger l'effet des mesures prises par l'autorité. Le reste est du domaine de la justice et de la clémence; et ce n'est pas vous, Messieurs, qui regretterez notre réserve sur ce point délicat.

Au nombre des causes plus immédiates, et à part des causes générales que nous nous réservons d'examiner plus loin, se trouve l'adoption qui venait d'avoir lieu sans le concours du Gouvernement, d'un tarif du prix des façons des étoffes de soie, tarif auquel la participation des administrateurs-locaux avait paru, aux yeux des ouvriers, imprimer un caractère obligatoire.

Nous vous avons déjà fait connaître, Messieurs, comment l'autorité supérieure, spécialement chargée de ces matières, aussitôt qu'elle fut informée de cette transaction, prévoyant le danger de l'erreur où tomberaient les ouvriers, en lui attribuant une force impérieuse et légale, prit soin de tracer à M. le Préfet du Rhône une marche prudente et mesurée pour parvenir insensiblement à l'abolition de ce tarif, moitié par désuétude, moitié par persuasion, mais surtout sans violence, sans secousse. En cela le Gouvernement avait un sentiment juste de la difficulté de revenir sur ce qui avait été fait; aussi recommandait-il de grands ménagemens, et il devait compter d'autant plus, à cet égard, sur la prudence de l'autorité locale, qu'elle persistait à soutenir la convenance et la validité du tarif.

Mais nous avons à regretter que des inquiétudes prématurément répandues dans la population laborieuse sur la prochaine suppression du tarif, au lieu de la préparer lentement à des vues plus équitables sur les droits respectifs des ouvriers et des fabricans, aient créé tout-à-coup entre ces deux classes une irritation qui amena la catastrophe du 21.

Vous le voyez, Messieurs, nous voulions agir avec réserve ; mais les mêmes circonstances qui ont fait que le Gouvernement a connu trop tard le tarif pour en empêcher l'adoption nous ont également ravi, par une publicité intempestive, le fruit de nos soins pour changer l'état des choses sans effort et sans collision. On devine d'avance à quelles accusations d'abolition violente du tarif eût exposé le Gouvernement, si elle avait été suivie de la révolte. On pressent dès-lors quels reproches mériteraient des indiscrétions ou des confidences qui auraient enflammé les passions des ouvriers, avant qu'on se fût donné le temps d'éclairer leur raison et leur intérêt.

Telle fut, Messieurs, la cause la plus prochaine des malheurs que nous déplorons, et qui a concouru dans cette circonstance avec tant d'autres causes plus générales dont nous vous entretiendrons tout-à-l'heure.

Je passe maintenant à l'exposé des mesures prises, après l'événement, par suite de la mission extraordinaire du Prince royal et de M. le Ministre de la guerre. (Mouvement d'attention.)

Cette tâche est en quelque sorte à moitié remplie par les publications quotidiennes que nous avons pris soin de multiplier pour éclairer et rassurer l'opinion : heureuse épreuve que nous avons faite, dans une conjoncture délicate, des avantages de la publicité! Par elle, en effet, vous avez vu la confiance générale, un moment étonnée par ces brusques nouvelles, se ranimer avec une énergie qui a soutenu nos efforts, qui a consterné les partis, qui a confondu, osons le dire, les hommes les plus incrédules, en imprimant à notre révolution la sanction la plus solennelle, la plus incontestable, celle de l'impuissance d'une crise si grave, qui est venue échouer devant le dévouement de l'armée, de la garde nationale et la force de nos institutions. (Sensation.)

S. 'A. R. Monseigneur le Duc d'Orléans partit de Paris le 25, accompagné de M. le Maréchal Ministre de la guerre, et le 27 au matin, le quartier-général du prince était déjà établi à Mâcon, où les premières relations furent renouées avec le général Roguet. Le 28, le quartier-général fut transféré à Trévoux, où s'opéra la concentration des troupes et la combinaison des mesures à prendre pour mener à bien les événemens, en obtenant ce double résultat, de rétablir l'autorité des lois tout entière, et d'éviter une nouvelle effusion de sang.

Dans ce but, Messieurs, le Prince et le Maréchal, pénétrés de la pensée du conseil auquel ils avaient assisté avant leur départ de Paris, eurent à décider une grave question. Il y avait à choisir entre une brusque entrée dans Lyon, au risque des hasards d'une résistance obstinée ou d'une réaction aveugle, et la sage précaution d'un séjour prolongé devant ses portes, pour donner le temps aux passions de se calmer, à la raison de prévaloir et à la soumission de se manifester. Ce dernier parti, qu'on a préféré, a été complètement justifié par le résultat.

Les circonstances mêmes traçaient cette voie. De tous côtés, les populations accouraient, sollicitant le maréchal de régulariser la mobilisation des bataillons de gardes nationales, ce qui eut lieu successivement, et en temps utile, par des ordonnances royales. Déjà la partie de la population lyonnaise qui s'était laissée si cruellement égarer, embarrassée de son funeste succès, n'aspirait plus

1..

qu'à rentrer sous la protection des lois et du Gouverne-ment. Mais un juste sentiment de prudence et de dignité surtout exigeait que le désarmement eût lieu avant l'entrée des troupes. Il fallait aussi s'assurer qu'aucun engagement téméraire n'avait été pris au nom du Gouvernement; et bien faire connaître, pour éviter l'apparence même d'une surprise, qu'on n'en sanctionnerait aucun, qu'on exigeait une soumission sans réserve, et que Lyon devait recevoir sans condition un libérateur. Il fallait encore qu'un déploiement considérable de forces éloignât toute crainte de collision, en décourageant toute idée de résistance. Il fallait enfin s'enquérir de la situation réelle de tous les agens de l'autorité, pour apprécier leurs rapports, leur conduite, leur influence.

Le séjour du Prince et du Maréchal fut habilement employé à satisfaire à toutes ces nécessités. Des proclamations fermes et rassurantes, qui ne promettaient que justice; une imposante revue, dans laquelle les récompenses royales et les sévérités de la loi furent décernées avec éclat, avec discernement; des députations accueillies avec bienveillance, avec dignité; des paroles graves et calmantes, distribuées avec antant de sagacité que de prudence; la dissolution de la garde nationale prononcée; l'ordre formel du désarmement signifié à tous, et exécuté avec vigilance; la concentration des troupes, et la réincorporation des militaires dispersés : tels furent les préludes de l'entrée du prince à Lyon, à la tête de 26,000 hommes; entrée qui excita les acclamations les plus vraies, celles de la reconnaissance; car tout le monde, dans cette ville, appelait, à divers titres, la fin d'un état de choses intolérable pour tous, et dont la prolongation était déjà le châtiment de ceux qui l'avaient amené. (Bravo !)

Immédiatement après son entrée à Lyon, M. le Maréchal ministre de la guerre procéda au renvoi dans leurs foyers des gardes nationales mobiles qui avaient fait preuve d'un zèle si patriotique. Il prit des mesures pour ouvrir la carrière des armes à des ouvriers sans emploi. Toutes les dépenses d'urgence que le mouvement des troupes et des bataillons mobiles avaient occasionnées, furent régularisées. Une surveillance active fut exercée sur toute la partie de la population étrangère à la ville de Lyon. La distribution des livrets d'ouvriers reçut une organisation meilleure et propre à prévenir les contraventions. On installa un préfet *par interim*. Le 8 décembre fut assigné, pour dernier délai, au désarmement, qui s'est opéré d'une manière si satisfaisante, que le nombre des fusils remis, au moment où je parle, entre les mains de l'autorité, dépasse le chiffre des distributions faites, en 1814 et en 1830, à la garde nationale. Les moyens de surveillance, en personnel et en subventions, furent accrus. On ouvrit un fonds de secours provisoire pour les ouvriers nécessiteux. Le ministre ordonna des travaux militaires indispensables, et détermina la garnison de Lyon. Les troupes surabondantes furent renvoyées dans leurs cantonnemens respectifs à la suite d'une nouvelle revue, dans laquelle le prince fit la remise à quelques régimens de leurs drapeaux et étendards, et aux militaires qui s'étaient distingués à Lyon, des récompenses que leur accordait le Roi.

Ces récompenses, Messieurs, elles ont été bien méritées ; car le courage, dans des crises de ce genre, est d'autant plus glorieux qu'il est plus pénible ; et il suppose tout le patriotisme du citoyen uni à la bravoure du soldat ! L'armée a donné, dans cette circonstance, un grand exemple, une utile leçon. Honneur à elle d'avoir prouvé que, si un gouvernement parjure ne trouvait pas d'épées françaises pour soutenir la violation des lois, un gouvernement national pouvait compter sur elles pour défendre les institutions du pays contre qui que ce fût. (Acclamations prolongées aux centres. Silence et froideur aux extrémités.)

Une partie de la garde nationale de Lyon a aussi compris ce devoir, elle l'a rempli avec un dévoûment admirable, qui l'honore à jamais aux yeux des amis de la liberté ; car elle a compris que la mission des citoyens armés, c'est de défendre la loi, comme un drapeau, comme une patrie ! L'autre partie de cette garde, nous regrettons de le dire, mais nous vous devons toute la vérité, l'autre partie a manqué à la loi, à la patrie, à elle-même ! Ce sera aussi une leçon dont nous sommes heureux de prévoir déjà qu'elle profitera, quand des rangs si honorables lui seront rouverts, leçon qui a dû lui être rendue plus sensible encore par le spectacle du zèle patriotique dont étaient animés les bataillons mobiles de l'Isère, de la Drôme, de l'Ain, de Saone-et-Loire, qui sont accourus à l'appel de la loi.

Enfin, après avoir satisfait, par ces mesures préliminaires, à toutes les nécessités, M. le Ministre de la guerre prit un dernier arrêté qui supprima, en ce qui concernait l'administration, le tarif et tous les actes qui s'y rapportaient ; et cet arrêté, loin d'exciter le mécontentement qu'on affectait d'en redouter, fut reçu, par les divers intéressés, avec des sentimens qui témoignaient assez que la partie saine de la population lyonnaise appréciait dans quel esprit de sagesse et de vraie liberté le Gouvernement déclinait le droit d'intervenir dans des transactions particulières, qui doivent être abandonnées à l'intérêt des parties, sous la seule réserve, pour l'autorité, de prévenir des collisions subversives de l'ordre public.

Ces principes ont repris leur empire à Lyon, Messieurs. Il le fallait, et complètement ; car l'exemple de cette intervention irrégulière de l'administration dans les relations privées entre les ouvriers et ceux qui les emploient, pouvait produire de nombreux embarras. Nous devions saisir cette occasion , qu'on ne nous avait pas offerte à temps avant la conclusion du tarif, de rétablir les vraies doctrines à cet égard , et prévenir ainsi l'abus possible d'un précédent fâcheux. Maintenant, c'est à l'intérêt bien entendu des fabricans, c'est à la prévoyance de tous, aussi bien qu'à celle du Gouvernement , d'aviser aux moyens de soulager des infortunes et de prévenir des conflits. La chambre du commerce de Lyon réclame des modifications dans l'organisation du conseil des prud'hommes; le Gouvernement examine cette demande avec toute l'attention qu'elle mérite.

C'est dans cette situation, Messieurs, que le Prince royal et M. le Ministre de la guerre ont laissé Lyon, après y avoir rendu son empire à la loi et son action à l'autorité. Leurs pouvoirs expiraient avec les circonstances extraordinaires qui les avaient rendus indispensables. Le succès en a été tel qu'on devait l'attendre de l'expérience du noble Maréchal; et permettez-moi d'ajouter qu'à travers tant de douleurs, c'est une consolation pour le Gouvernement d'avoir fourni à l'aîné des fils du Roi cette occasion de produire ses brillantes qualités. Le jeune Prince, comme la monarchie de juillet, a vieilli dans cette épreuve; c'est une double garantie pour l'avenir du pays. (Mouvement d'assentiment.)

Après l'expiration de cette mission extraordinaire, à laquelle était toujours attachée la responsabilité d'un ministre, les choses ont repris leur cours naturel, et le Gouvernement ses rapports directs. Les informations judiciaires sur des crimes et des délits particuliers continuent; le ministère reçoit sans prévention, mais avec l'attention la plus scrupuleuse, les explications des administrateurs qui ont à lui en donner. Il tient compte de tout; il fait la part d'erreurs sans doute involontaires, et des difficultés locales, comme de la situation générale des esprits. Rechercher la vérité de bonne foi, beaucoup plus encore pour remédier aux choses que pour accuser les personnes, tel est son desir, son devoir. C'est une question d'économie sociale, beaucoup plus qu'une question de fonctionnaires, qu'il faut dégager de ces recherches.

J'ai dissimulé, dans le cours de ces explications, Messieurs, des scènes affreuses, des crimes détestables ! N'imputez pas cette réserve à une indulgence coupable : la justice informe; nous respectons ses recherches. Mais nous ne saurions, sous peine de trahir nos devoirs envers l'ordre social, dont nous sommes tous ici les gardiens; envers la révolution de juillet, à l'honneur de laquelle nous avons tous attaché le nôtre, contenir l'indignation généreuse que doivent exciter des attentats dont il est permis d'éviter le récit, mais sur lesquels il est impossible de ne pas imprimer une éclatante réprobation.

Il faut apprendre aux peuples qui prétendent à l'honneur d'être libres, que la liberté c'est le despotisme de la loi. (bravo! très-bien!) Il faut enseigner aux hommes que les souvenirs de juillet mal compris ont enivrés, que le fusil des trois journées de Paris était consacré par la loi qu'il vengeait, et que celui des deux jours de Lyon est flétri par la révolte contre les lois qu'il a violées ! (Mouvement très-prononcé d'adhésion dans l'immense majorité de l'assemblée.) Il faut rappeler à tous qu'il n'y a de juste recours et d'armes solides pour la défense de chacun que dans les institutions du pays, et que, plus ces institutions sont confiantes et libérales, plus les lois qui les appuient doivent être sévères et respectées ! Il faut venger la révolution de juillet de prétendus imitateurs qui la calomnient, en persistant à n'y voir qu'une insurrection contre le pouvoir d'alors, quand ce ne fut que le châtiment de l'insurrection du pouvoir lui-même contre la loi! Ces avertissemens, ces leçons ont été malheureusement écrits sur les murs de Lyon, en caractères de sang; mais ce sang même n'aura pas été perdu pour la liberté, si tout le monde comprend la leçon qu'il a tracée! (Sensation prolongée.)

En terminant cet exposé, Messieurs, nous nous plaisons à confirmer l'une des premières observations auxquelles ces déplorables événemens ont donné lieu; c'est que leurs causes, comme leurs conséquences, ont paru généralement étrangères à toute pensée politique; et sous ce rapport, c'est une force acquise à nos institutions; car il n'y a de fort, aux yeux des hommes, que ce que personne ne songe à attaquer. Dans tous les cas, si quelque intention politique avait présidé au principe de ces désordres, il n'est pas moins rassurant de voir que l'événement a tellement déçu, découragé, anéanti tout calcul de ce genre, que pas un des partis, qui se disputent les élémens de trouble, n'a osé se présenter pour recueillir le fruit, et pour prendre la responsabilité d'une révolte repoussée par le pays tout entier!

Mais plus il est permis de croire que la politique est restée étrangère à ces désordres, plus il importe d'observer les circonstances purement sociales qui ont pu amener cette crise.

C'est pour nous tous, Messieurs, l'occasion d'étudier les causes générales, et accidentelles sans doute, d'un malaise industriel, qui ne saurait devenir, dans des mains loyales, une arme d'opposition contre le pouvoir; car vous êtes bien convaincus, vous, Messieurs, que le pouvoir a autant desir et volonté que qui que ce soit, de porter secours, en tout ce qui peut dépendre de lui, aux souffrances sociales. Vous ne croyez pas que ce soit un moyen de remédier à des infortunes individuelles, que de s'en servir pour ébranler la confiance dans le Gouvernement, et entretenir ainsi des inquiétudes sans fin, qui reproduisent à leur tour de nouvelles infortunes.

Ici, Messieurs, vous nous pardonnerez, à l'occasion d'une affaire aussi grave et si féconde en leçons de tout genre, de nous livrer à quelques considérations sur l'etat de choses qu'elle révèle ou qu'elle suppose. Ce n'est pas une digression ; car c'est le fond même de la question sociale, dans laquelle vient se confondre celle de l'industrie de Lyon. Osons tout aborder, osons repondre aux pensées comme aux paroles, aux insinuations secrètes comme aux accusations publiques. (Attention.)

Est-il donc vrai que la détresse dont on se plaint, et qui s'est révélée dans plusieurs branches de l'organisation sociale, date de la révolution de juillet, et qu'il soit possible de lui en imputer exclusivement le malheur ou le tort?

Est-il vrai aussi qu'à défaut de la révolution elle-même, on puisse au moins en accuser le gouvernement, et qu'il ait négligé de recourir à des mesures de réparation et de prévoyance qui seraient à sa disposition ? Est-il vrai encore que les impôts actuels, leur régime nouveau, le maintien de l'ordre financier sur lequel repose le crédit de la France, aient aggravé la crise dont les effets se sont tristement manifestés ?

Est-il vrai enfin que le système entier du ministère actuel, système extérieur, système administratif, est-il vrai que notre politique ait causé ou entretenu ces inquiétudes, ces malheurs, ces désastres ?

On l'a dit, et nous ne faisons que résumer ici beaucoup de discours, beaucoup d'écrits.

Eh bien ! Messieurs, examinons sans réserve ces griefs

que nous venons d'exposer sans détour. Repoussons d'abord de notre révolution et du gouvernement qu'elle a fondé ces injustes accusations, nous nous occuperons ensuite de l'administration et de son système.

Des souffrances ont eu lieu, un état de malaise s'est fait sentir : nous le reconnaissons, mais en faisant nos réserves contre l'exagération des plaintes qui, avec les moyens actuels de publicité, sont d'autant plus bruyantes qu'elles ont plus d'organes et d'échos. Nous le reconnaissons, mais en jetant un regard assuré non-seulement sur un avenir dont tout nous fait présager la prospérité, mais encore sur le présent, qui chaque jour s'améliore et apporte des remèdes certains à des souffrances passagères.

Nous le reconnaissons, mais en repoussant la préoccupation des hommes qui font de ces infortunes passagères un moyen d'attaque contre le gouvernement, sans s'apercevoir, j'aime à le penser, qu'ils secondent malheureusement l'hostilité de ceux qui se montrent si empressés à s'en faire des armes contre notre révolution elle-même.

Le langage des adversaires systématiques de nos nouvelles libertés devrait cependant éclairer leurs défenseurs sur le danger de ces reproches irréfléchis, dont on s'empare contre une autre cause que celle du ministère. Rien n'avertit mieux d'une faute que la joie d'un ennemi, et les ennemis de la révolution de juillet n'épargnent pas à ses amis les avertissemens de ce genre, quand ceux-ci ne craignent pas de lui reprocher les maux qu'elle a découverts, mais qu'elle n'a pas créés.

Soyons justes. Ce n'est pas la politique seulement qui conseillerait un autre langage aux partisans du nouvel ordre de choses ; la vérité est ici d'accord avec la prudence. Rappelons-nous en effet, Messieurs, ce que nous avions tous prévu et annoncé, ce que nous savions, ce que nous disions tous long-temps avant la révolution de juillet, et au moment où éclata, en Angleterre, la crise commerciale de 1825. On prédisait que cette crise ferait le tour des places du continent. Nous entendîmes même un Ministre, que devait flatter cependant cette apparence de prospérité matérielle, reprocher à la spéculation ses efforts exagérés, et, à l'exemple de lord Liverpool, accuser l'esprit industriel d'un vertige qui l'exposait à de tristes mécomptes.

Sans parler d'autres genres de spéculations et d'entreprises, n'oublions pas qu'il fut démontré, dès-lors, que la production fabriquée avait excédé les besoins d'une manière alarmante. Aussi arriva-t-il bientôt que, si les ouvriers travaillaient encore, soutenus par le patriotisme des manufacturiers, ceux-ci n'eurent plus d'autres valeurs en main, que les produits mêmes qui avaient remplacé leurs valeurs de porte-feuille, et que l'on fut obligé de prêter à la production ce que la vente ne lui remboursait plus.

C'est dans cet état de choses qu'une révolution vint surprendre le pays, révolution dont le principe, quelque généreux, quelque légitime qu'il fût, devait amener les conséquences inévitables de toute crise politique, celles de resserrer les capitaux, de suspendre la consommation et d'interrompre le travail ; résultats auxquels contribuaient à-la-fois une crainte aveugle, une malveillance calculée, et la nécessité de solder tant d'affaires de fabrications et d'entreprises qui ne subsistaient à-peu-près, depuis 1825, que par des reviremens factices et des circulations de complaisance.

C'était donc comme une espèce de liquidation générale commandée par la *peur*.

Ajoutons à ces élémens de perturbation, des inquiétudes de guerre que, dans les derniers mois de 1830, tout le monde pouvait encore concevoir, et que même,

(15)

après des assurances contraires, les partis ont continué
d'entretenir en ne mettant plus en question que la date.
Rappelons-nous tant de provocations menaçantes dirigées
contre la propriété, soit à l'aide de théories folles, qui
ont aussi leurs missionnaires, soit au moyen de quelques
actes de violence, destinés en quelque sorte à servir
d'essais. Observons les encouragemens prodigués à de
vaines ambitions, nées du mouvement des esprits et des
événemens, et auxquelles on s'évertuait à persuader qu'il
n'y aurait révolution dans le gouvernement qu'autant
qu'il en résulterait une révolution dans la fortune privée
de chaque citoyen. Considérons enfin combien la crise
politique survenue en 1830, et la crise morale alimentée
par des écrits subversifs, irritait encore une crise industrielle et commerciale, déjà ancienne, et tout-à-coup révélée! Alors, Messieurs, loin de décourager l'opinion et
les intérêts, loin d'accuser le présent de l'héritage d'un
triste passé, et de lui interdire l'espérance d'un meilleur
avenir, nous aurons à nous étonner plutôt que le mal
n'ait pas été plus grave, et que déjà les élémens de sécurité et les moyens de réparation se présentent de toutes
parts à la sagesse des pouvoirs de l'État ; alors aussi, loin
de rejeter sur notre révolution, sur notre gouvernement,
le tort d'une détresse passagère, nous trouverons dans les
libertés rétablies par l'une, dans la confiance inspirée par
l'autre, les élémens d'amélioration qui ont sauvé notre
pays des efforts également coupables de ceux qui ne
voyaient dans notre révolution que le signal de la guerre
civile, ou de ceux qui imposaient à notre Gouvernement
la triste nécessité de la guerre étrangère.

Je viens de répondre pour la monarchie et pour les
institutions de juillet ; je vais répondre maintenant pour
l'administration et pour son système, c'est-à-dire pour
vous, Messieurs, comme pour nous. (Écoutez! écoutez!)

L'administration , en présence des souffrances publiques, a-t-elle donc négligé des moyens qui se trouvaient à sa disposition pour réparer des maux, pour ranimer des industries, pour rétablir la circulation par la confiance et le travail, par la consommation? Ce n'est pas dans une Chambre aussi éclairée que prévaudront d'abord ces préjugés des temps anciens, qu'il apppartient au Gouvernement de faire les affaires particulières de chacun, et de contribuer au bien des individus autrement que par des mesures prises pour le bien général. Qu'on s'explique donc : quelles mesures avantageuses à l'industrie, au commerce, nous a-t-on demandées qui n'aient été accordées, quand ce n'était pas l'égoïsme d'une localité qui la réclamait contre l'intérêt du pays tout entier ? En fait de secours, n'avons-nous pas créé des travaux presque factices pour occuper des bras inactifs momentanément ? Ce ne sont là que des actes partiels ; mais le même esprit n'a-t-il pas animé les plans de législation sur lesquels nous avons appelé vos lumières et vos suffrages?

Consultez l'ordre actuel de vos délibérations ; à quelle époque a-t-on vu proposer un plus grand nombre de lois positives en faveur des intérêts matériels de la société ? Toutes les questions essentielles de l'économie politique sont abordées par nos projets. Est-ce de nous que vient l'initiative des digressions politiques, des projets spéculatifs, qui, à nos yeux, n'ont rien de commun avec les intérêts du travail, pas plus que le suffrage universel avec le tarif des journées d'ouvriers ? Céréales, transit, entrepôts, routes, canaux, travaux publics, excitation de l'industrie particulière, nous avons cherché à pourvoir à tout ; et en fait de théories, nous n'avons occupé votre attention que de celles qui touchaient à l'achèvement de nos institutions, formellement voulu par la Charte, et à la réforme de nos lois pénales, commandée par la civilisation elle-même.

Nous avons pensé surtout que, si le problème de la paix extérieure était le plus important à résoudre, sa solution dépendait, avant tout, du rétablissement de l'ordre intérieur. Et je n'entends point par ces mots d'ordre intérieur, seulement la tranquillité de nos routes et de nos rues, mais l'organisation forte et paisible de nos institutions nouvelles, assez puissamment fondées pour n'avoir pas besoin d'être offensives. J'entends aussi cette garantie donnée à tous les peuples, que la révolution de juillet pouvait commercer, pouvait traiter, pouvait vivre avec les autres États, quel que fût leur régime, et que le principe de notre Gouvernement était compatible avec toutes les existences politiques antérieures et différentes. (Très-bien !) J'entends, enfin, le maintien des vastes et habiles combinaisons d'ordre administratif et financier que notre première révolution nous a léguées, auxquelles l'Empire et la Restauration ont dû leurs prospérités, et que la seconde révolution ne pourrait répudier ou bouleverser, sans se ravir les moyens de force et de succès qui n'ont pas manqué même aux quatorze années du régime déchu. Car ne craignons pas de déclarer, ne craignons pas d'agir en conséquence : il n'y aurait que désordre et ruine pour le nouveau régime dans le brisement, dans le relâchement même des ressorts de cette puissance d'administration que l'Europe nous enviait, qu'elle a copiée en l'admirant, et dont l'imitation reste encore dans la plus grande partie de ses provinces, comme la seule trace de nos conquêtes.

On a parlé des besoins moraux des peuples ; soit. Eh bien ! en quoi les avons-nous contrariés ? Nos institutions nouvelles, élections, municipalités, garde nationale, ont donné, sur ce point, la satisfaction la plus entière aux exigences les plus impérieuses. La paix, ce premier des besoins moraux, a été consolidée à l'aide de précautions formidables qui satisfaisaient à la dignité nationale, autre besoin non moins impérieux. La tranquillité intérieure, si nécessaire à tout le reste, au progrès des institutions, comme au développement de l'industrie, est rétablie, malgré de sinistres prédictions sur la Vendée et sur le Midi, où nous ne voyons pas plus d'élémens de guerre civile, qu'il n'est apparu, sur le Rhin, d'élémens de guerre étrangère ; et cela, sans recours à des lois d'exception qui nous étaient assez instamment conseillées. (Nouvelle senastion.)

Je touche à la question, en apparence plus délicate, des impôts. Mais à qui répondre sur ce point ? Est-ce aux hommes qui, à la vue du chiffre total d'un budget, dans lequel ils confondent les dépenses extraordinaires avec les dépenses ordinaires qui ont été réduites, n'en demandent pas davantage pour conclure, pour condamner ? Est-ce aux esprits plus attentifs qui tiennent compte des circonstances, et qui examinent avant de conclure ! Mais ceux-là savent bien que des dépenses actuelles, les unes, ordinaires, résultent d'un état de choses qui nous a précédés de long-temps ; les autres, extraordinaires, ont été votées par les Chambres pour couvrir des besoins extraordinaires aussi, et avant tout le besoin sacré de l'indépendance nationale ! Ils savent que ces ressources mêmes, ce n'est pas à l'impôt que nous les avons demandées.

En effet, Messieurs, à quelle source le Gouvernement a-t-il puisé les 225 millions de budget extraordinaire de 1831 ? Il a vendu des forêts de l'État et il a fait un emprunt. Cette vente de domaines publics a eu l'avantage de les livrer à l'industrie particulière, et cet emprunt, vous le voyez, n'a certainement pas altéré le crédit. Quant à un impôt créé sous le ministère précédent, on sait bien

(19)

aussi que ce n'est pas une surcharge pour le contribuable, mais un échange, une transposition, puisqu'il ne fait que rendre, sous la forme directe, la valeur d'un dégrèvement opéré dans une partie importante des contributions indirectes.

Voilà, Messieurs, ce que la bonne foi avoue. A l'exception des 30 centimes additionnels dont la perception expire au 31 décembre, aucune augmentation d'impôts, aucun impôt nouveau n'ont pesé sur les contribuables. On parle sans cesse d'un budget de 1,400, de 1,500 millions : ce chiffre, Messieurs, est une pure invention; il exprime, non point les dépenses effectuées, mais les recettes votées par une sage précaution et dans la vue d'événemens qui ne se sont point accomplis. Le chiffre réel du budget de 1831 est de 1,172,000,000, dont 225 millions consacrés aux dépenses extraordinaires. Le chiffre du budget de 1832, tant ordinaire qu'extraordinaire, est d'un milliard 97 millions. Or, Messieurs, en réduisant ces deux budgets à la somme exigée par les seules dépenses ordinaires, ils s'élèvent, l'un à 946, l'autre à 955 millions, et ces deux chiffres sont l'un et l'autre fort inférieurs aux divers crédits votés sous les dernières années de la restauration.

Il faut donc renoncer à trouver dans cette hypothèse d'une aggravation d'impôts, la cause d'une détresse qui a déjoué momentanément les calculs prévoyans et réparateurs de l'administration.

Demandez-en compte avant tout aux grandes découvertes qui se sont pressées dans l'histoire du genre humain, depuis un demi-siècle, et dont le double effet a été tout-à-la-fois d'accroître la population industrielle, et de simplifier les agens de la production, de multiplier les produits et d'augmenter tous les genres de concurrence. Il y a, dans ces quatre points de vue, plus de motifs qu'il n'en faudrait pour expliquer une crise plus grave même que celle que nous venons de traverser. C'est à la sagesse du législateur d'en observer les effets et d'y accommoder les institutions ; mais dans ce but même , c'était à la prévoyance du Gouvernement d'assurer à ces médiations et au développement des mesures qu'elles feront naître, la protection, la sécurité d'une paix honorable et durable, parce que, dans la paix seulement, toutes les ressources, des ressources efficaces, des ressources abondantes peuvent remédier au malaise matériel dont on se plaint.

Cet aperçu m'amène naturellement , Messieurs , à l'examen du système politique de l'administration, comme cause plus ou moins indirecte, dit-on, du malaise que l'on signale. Le fond de ce système , c'est la paix. Vous le savez , Messieurs, et vous l'avez voulu ; et , certes, il est vrai de dire que le Gouvernement , secondé par vous, a fait au contraire ce qu'il y avait de plus efficace pour l'amélioration du sort des masses industrieuses, en s'appliquant avant tout à consolider cette paix ; seul gage de la confiance des capitaux, seule garantie du retour des échanges commerciaux , que la crainte seule de la guerre avait interceptés. Et c'est sous ce rapport qu'il nous est permis de déclarer que , soit dans l'intérêt de l'État , soit dans celui des classes laborieuses , la paix est la meilleure économie à faire , le désarmement est le meilleur amendement au budget. (Vive approbation.)

Ce fut , dès notre arrivée au pouvoir , notre première pensée, le but de tous nos efforts. Nous y sommes parvenus, et l'avenir , un avenir prochain, prouvera, Messieurs, que c'était le premier des encouragemens pour l'industrie , le secours le plus sûr pour le commerce , la ressource la plus abondante pour le travail.

Mais pour défendre la paix, moins encore contre des

jalousies étrangères que contre des impatiences inté-
rieures, pour avoir la conscience d'agir patriotiquement,
tout en résistant à des passions patriotiques, il a fallu une
constance que vous avez appréciée et soutenue. Nous
avions mesuré la lice, Messieurs ; nous ne redoutions pas
d'y entrer, et c'est pour cela qu'on ne nous y a pas ap-
pelés.

La paix, la France ne l'a voulue qu'avec l'indépendance et l'honneur ; elle ne l'a donnée et acceptée qu'à
ce prix. C'est ce qui a soutenu notre courage pour la
vouloir, pour la maintenir ; et si vous vous rappelez les
obsessions, les menaces, ces présages sinistres qui nous
ont assaillis si long-temps, peut-être jugerez-vous que ce
courage était plus grand que celui de faire la guerre.

Ce courage de résistance, nous l'avons opposé aux
exigences qui demandaient à l'intérieur des mesures
exceptionnelles, comme à celles qui demandaient une
guerre générale au-dehors ; persuadés, comme vous,
Messieurs, qu'à la suite du mouvement rapide des événemens, le premier danger dont les peuples aient à se préserver, c'est l'entraînement même des voies nouvelles où
ils sont précipités.

C'est là tout notre système, tout le vôtre, Messieurs ;
car vous l'avez adopté, sanctionné à plusieurs reprises,
et nous avons dès-lors la confiance de satisfaire au pays
en satisfaisant à vos vœux, qui seuls expriment également
et sincèrement les siens.

Ce système a pour moyen, pour conséquence, pour
appui, au-dedans, un esprit d'ordre et de modération
qui tend à calmer les imaginations ; un langage toujours consciencieux qui s'applique à préserver les intérêts
des mécomptes auxquels on les expose, en leur inspirant

des exigences immodérées ; des efforts soutenus avec franchise, avec fermeté, pour remettre à leur place toutes les ambitions, en leur apprenant que les gouvernemens libres ne sont pas chargés de créer des existences, de faire des fortunes, et ne secondent l'industrie privée qu'en protégeant le travail et la propriété, qui se prêtent mutuellement secours et garantie ; enfin, Messieurs, une constante impassibilité de la loi et de l'intérêt général qui maîtrise les prétentions illégales de l'intérêt privé. Tel est ce système qui nous est devenu commun à tous, Messieurs, à la suite de tant d'explications dont vous vous êtes montrés satisfaits ; car, venus ici sans engagemens, sans préventions, vous avez tout entendu, tout apprécié. Vous vous êtes approprié par vos suffrages, par votre appui, un système qui peut changer d'exécuteurs, sans doute, avec avantage pour les affaires, mais dont les principes ne sauraient être changés sans danger pour le pays, nous le déclarons de toute la force de notre conscience. (Sensation.)

Aussi, Messieurs, ce n'est pas nous qui ferons des questions de ministère de questions qui intéressent la société, toute la société ; car remarquez bien qu'elles ne sont pas particulières à notre pays. Voyez les souffrances des autres peuples, entendez le langage des autres gouvernemens.

Ce qu'il était de notre droit, de notre devoir de prouver, c'est que la détresse passagère qui a si cruellement égaré une partie de la population lyonnaise, ne saurait être imputée ni à notre révolution, ni au gouvernement qu'elle a créé, ni au système, ni aux actes de l'administration qui s'honore de votre confiance. Ce qui devient évident pour tous, après quinze mois d'expériences diverses, c'est qu'il n'y a de remède efficace à cette détresse que dans les idées d'ordre et de paix qui composent en définitive toute la politique de l'administration actuelle.

L'industrie de Lyon devait le comprendre plus qu'aucune autre, et doit le sentir aujourd'hui plus vivement que jamais; car elle satisfait surtout à des jouissances dont le besoin ne se manifeste qu'au milieu de la paix, d'une paix profonde à l'intérieur comme au dehors. Sous ce rapport, elle a donc tout à perdre au désordre, et sans doute une triste épreuve le lui a rappelé pour long-temps. Nous nous plaisons à le croire, et, dans tous les cas, nous prenons toutes les précautions nécessaires pour éviter que des passions obstinées lui ravissent le prix de cette expérience.

Le Gouvernement veille; la population saine est avertie; les lois ont repris leur autorité, et tout annonce que le travail renaîtra dans cette belle cité avec l'ordre dont la protection lui est indispensable, et que nous saurons y faire respecter.

Que tous les bons citoyens se pénètrent donc bien de cette pensée, qu'il n'y a rien à attendre pour l'amélioration du sort des classes industrielles et ouvrières que du temps, de la paix et des lois. Qu'ils se confient à la fortune de la France, à la sollicitude du Gouvernement, à votre sagesse, Messieurs; car elle doit faire leur espoir, comme elle a fait notre soutien.

Aussi vous le voyez, si notre premier soin, au moment de cette crise, fut de vous exposer l'état des choses, sans cependant réclamer de vous aucune ressource extraordinaire, notre dernier besoin, au terme de cette affaire, est de venir vous rendre grâce de l'appui que vous nous avez prêté par une bienveillante initiative, et de vous faire hommage des résultats obtenus. (Mouvement prononcé d'assentiment.)

(En retournant à sa place , M. le Président du Conseil est entouré de membres qui lui adressent les plus vives félicitations. Plusieurs Députés de la droite et de la gauche entremêlés paraissent conférer sur la marche qu'ils doivent suivre. Une extrême agitation règne à-la-fois dans tous les rangs de l'assemblée.)

IMPRIMERIE ROYALE. — Décembre 1831.

www.ingramcontent.com/pod-product-compliance
Ingram Content Group UK Ltd.
Pitfield, Milton Keynes, MK11 3LW, UK
UKHW021043120726
13693UKWH00005B/2396